Favourite Piano Classics II

for piano · für Klavier · pour piano

INDEX

Seite

Felix Mendelssohn-Bartholdy (1809-1847)
Rondo capriccioso, Op. 14. ... 4
Lied ohne Worte, Op. 19, No. 2 ... 15
Venetianisches Gondellied, Op. 19, No. 6. ... 18
Lied ohne Worte, Op. 102. ... 20
Lied ohne Worte, Op. 30, No. 3. ... 22

Robert Schumann (1810-1856)
Von fremden Ländern und Menschen, Op. 15, No. 1. ... 23
Träumerei, Op. 15, No. 7. ... 24
Erinnerung, Op. 68, No. 28. ... 25
Wiegenliedchen, Op. 124, No. 6. ... 26

Fréderic Chopin (1810-1849)
Mazurka, B-Dur, Op. 7, No. 1. ... 28
Mazurka, a-Moll, Op. 7, No. 2. ... 31
Mazurka, C-Dur, Op. 7, No. 5. ... 33
Mazurka, g-Moll, Op. 24, No. 1. ... 34
Prélude, e-Moll, Op. 28, No. 4. ... 36
Prélude, h-Moll, Op. 28, No. 6. ... 37
Prélude, A-Dur, Op. 28, No. 7. ... 38
Prélude, Des-Dur, "Regentropfen" Op. 28, No. 15. ... 38
Grande Valse brillante, a-Moll, Op. 34, No. 2. ... 42
Valse, cis-Moll, Op. 64, No. 2. ... 48
Valse, f-Moll, Op. 70, No. 2. ... 54
Nocturne, cis-Moll, Brown-Index 49 ... 56

Ferenc Liszt (1811-1886)
Première valse oubliée, S 215/I ... 60
Liebestraum, As-Dur, "O lieb", S 541/III ... 56
Consolation, E-Dur, S 172/II ... 72
Consolation, Des-Dur, S 172/III ... 75
Die Hirten an der Krippe (aus "Weihnachtsbaum"), "In dulci jubilo", S 186/III ... 79
Altes provenzalisches Weihnachtslied (aus "Weihnachtsbaum") S 186/VIII ... 82

Schubert – Liszt
    Soirées de Vienne (Valse caprice d'après Schubert), S 427/VII **84**

Anton Rubinstein (1829-1894)
    Mélodie, Op. 3, No. 1. . . . . **90**
    Romance, Op. 44, No. 1. . . . . **94**
    Barcarolle, Op. 45. . . . . **97**

Johannes Brahms (1833-1897)
    Walzer, E-Dur, Op. 39, No. 2. . . . . **104**
    Walzer, d-Moll, Op. 39, No. 9. . . . . **105**
    Walzer, A-Dur, Op. 39, No. 15. . . . . **106**

Pjotr Iljitsch Tschaikowsky (1840-1893)
    Chanson triste, Op. 40, No. 2. . . . . **107**
    Barcarolle (Juni), Op. 37a, No. 6. . . . . **110**
    Chant d'automne (Oktober), Op. 37a, No. 10. . . . . **115**
    Romance, Op. 5 . . . . **118**

Edvard Grieg (1843-1907)
    Valse, Op. 12, No. 2. . . . . **124**
    Alfedans (Elfentanz), Op. 12, No. 4. . . . . **126**
    Folkevise (Volksweise), Op. 38, No. 2. . . . . **128**
    Valse, Op. 38, No. 7. . . . . **130**
    Til våren (An den Frühling), Op. 43, No. 6. . . . . **132**
    Hjemve (Heimweh), Op. 57, No. 6. . . . . **137**
    Solveigs sang (Solveigs Lied) **141**

Claude Achille Debussy (1862-1918)
    The Little Shepherd (Der kleine Hirte) **144**
    Golliwogg's Cake Walk **146**

Rondo capriccioso
Op. 14

F. Mendelssohn-Bartholdy

Lied ohne Worte
Op. 19, No.2

Song Without Words   Romance sans paroles

Andante espressivo   F. Mendelssohn-Bartholdy

Venezianisches Gondellied
Op. 19, No.6

Venetian Gondoliers' Song   Barcarolle

F. Mendelssohn-Bartholdy

Lied ohne Worte
Op. 102
Song Without Words   Romance sans paroles

F. Mendelssohn - Bartholdy

Lied ohne Worte
Op. 30, No. 3
Song Without Words   Romance sans paroles

F. Mendelssohn-Bartholdy

Von fremden Ländern und Menschen
Op. 15, No. 1.

About Strange Lands and People Des pays étrangers

R. Schumann

Träumerei

Op. 15, No. 7

R. Schumann

Erinnerung
Op. 68, No. 28

Remembrance   Souvenir

Nicht schnell und sehr gesangvoll zu spielen
(Moderato e molto cantabile)

R. Schumann

Wiegenliedchen
Op. 124, No.6

Little Cradle Song   Petite berceuse

R. Schumann

Nicht schnell

Mazurka
Op. 7, No.1

F. Chopin

Mazurka
Op. 7, No. 2

F. Chopin

Mazurka
Op. 7, No. 5

F. Chopin

Mazurka
Op. 24, No. 1
F. Chopin

Prélude
Op. 28, No. 4

F. Chopin

Prélude
Op. 28, No. 6

F. Chopin

Prélude

Op. 28, No. 7

F. Chopin

Andantino

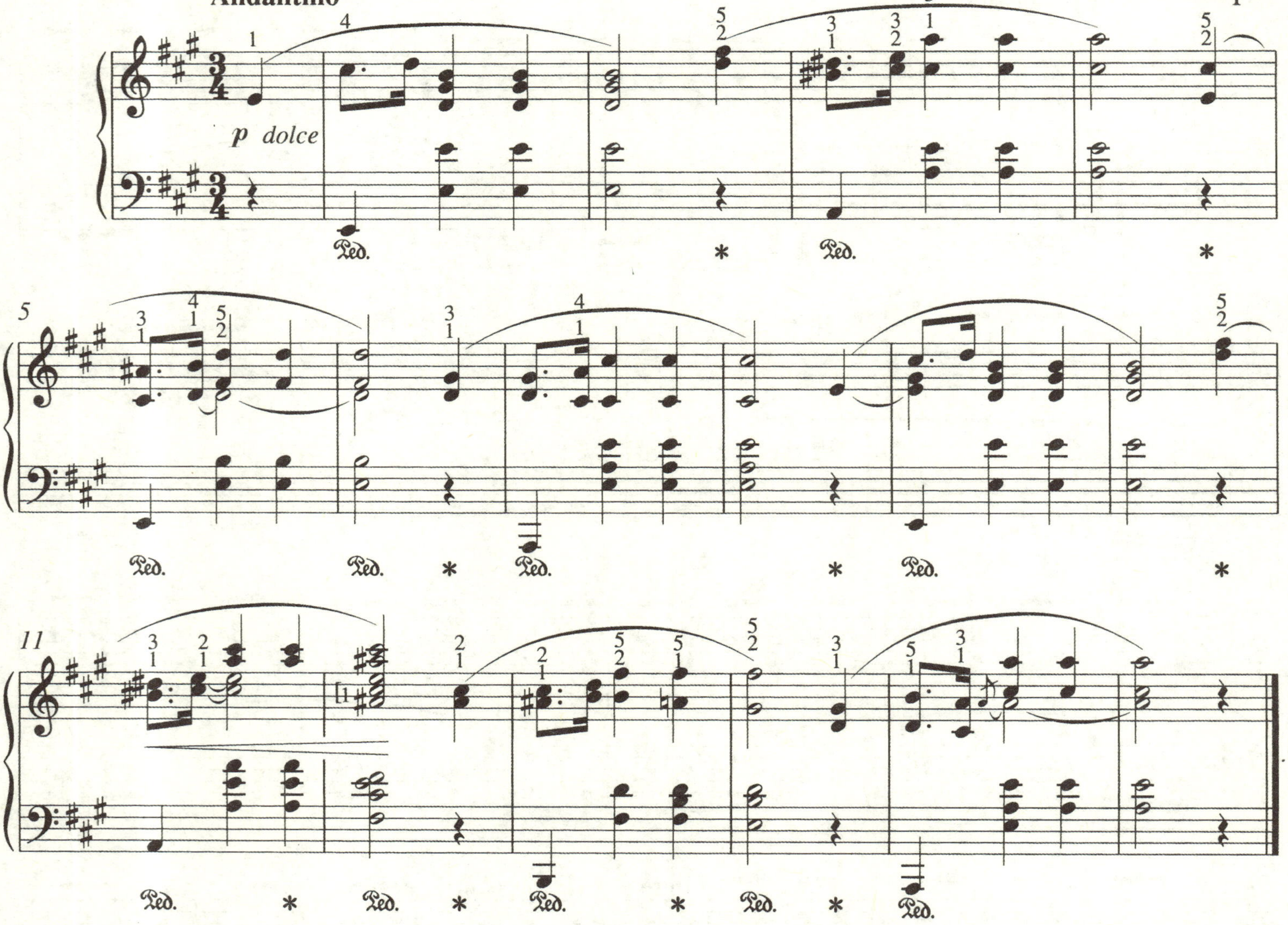

Prélude

Op. 28, No. 15

F. Chopin

Sostenuto

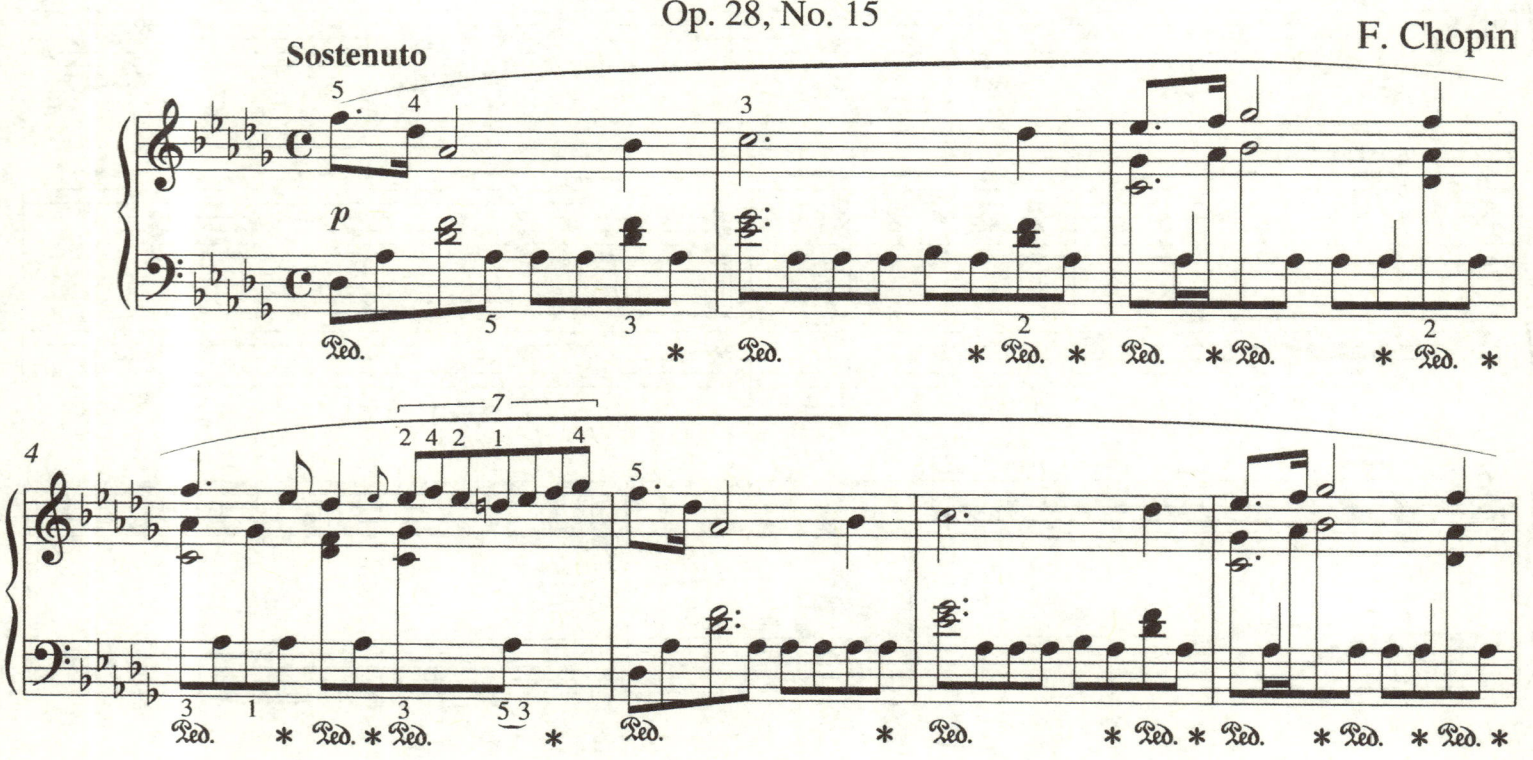

Grande Valse brillante
Op. 34, No. 2

F. Chopin

Valse
Op. 64, No. 2

F. Chopin

Valse
Op. 70, No. 2

F. Chopin

Nocturne
BI. 49

F. Chopin

Lento con gran espressione

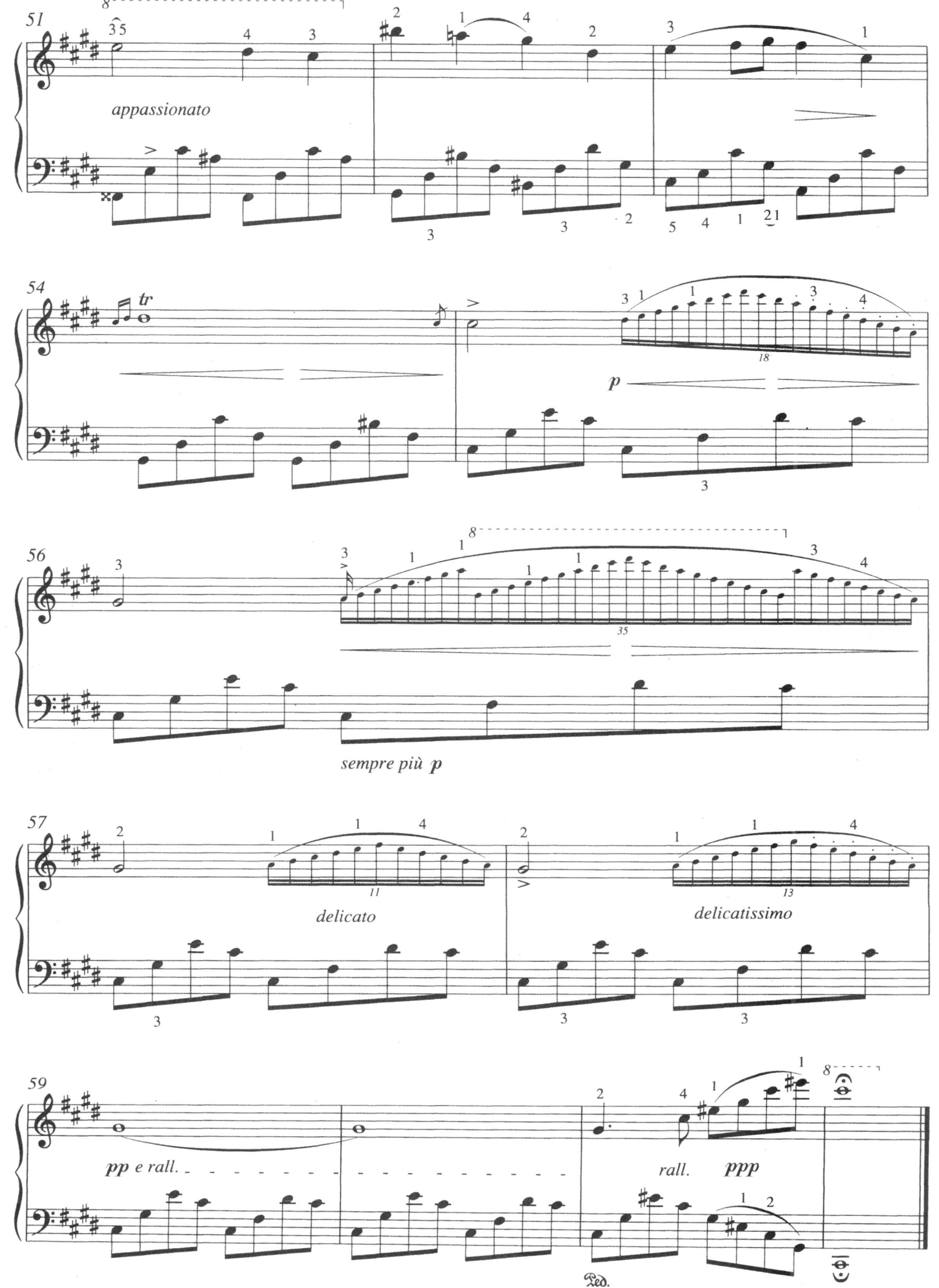

Première valse oubliée

S. 215 / I

Allegro

F. Liszt

Liebestraum No. 3
S 541 / III

F. Liszt

Consolation
S 172 / II

F. Liszt

Un poco più mosso

Consolation
S 172 / III

F. Liszt

In dulci jubilo

S 186 / III

Die Hirten an der Krippe The Shepherds at the Manger
Les bergers à la crêche

F. Liszt

Altes provenzalisches Weihnachtslied
Ancient Provençal Christmas Carol   Vieux Noël provençal
S 186/VIII

F. Liszt

Soirées de Vienne No. 7
(Valse caprice d'après Schubert)

S 427/ VII

F. Schubert - F. Liszt

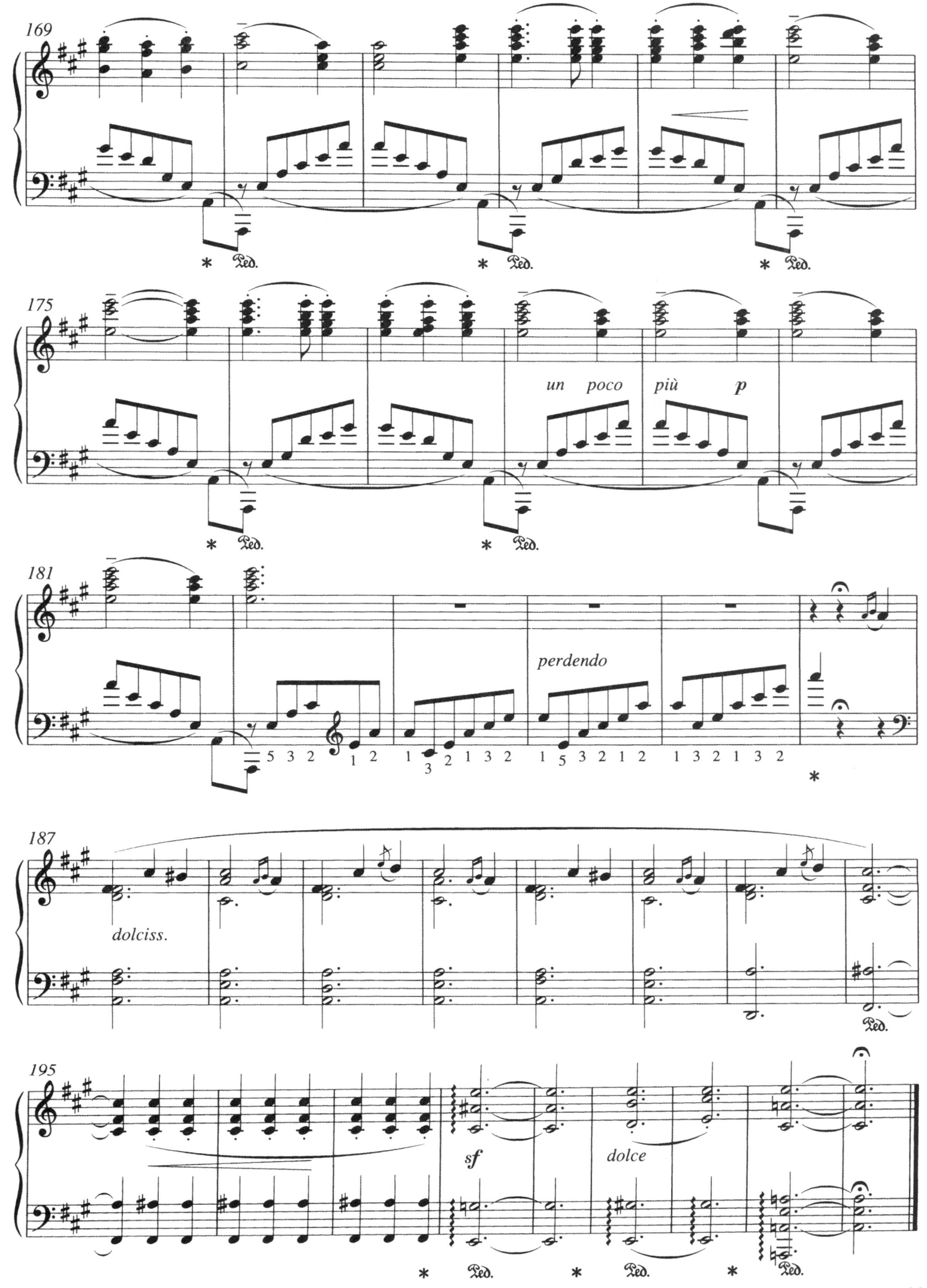

Mélodie
Op. 3, No. 1

A. Rubinstein

Romance
Op. 44, No. 1

A. Rubinstein

Barcarolle
Op. 45

A. Rubinstein

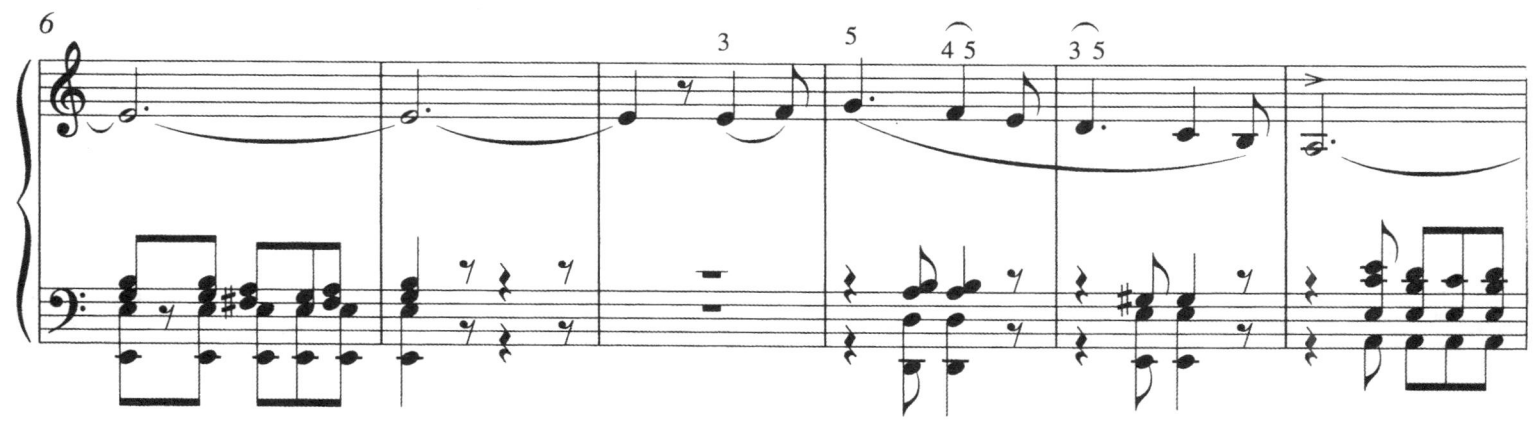

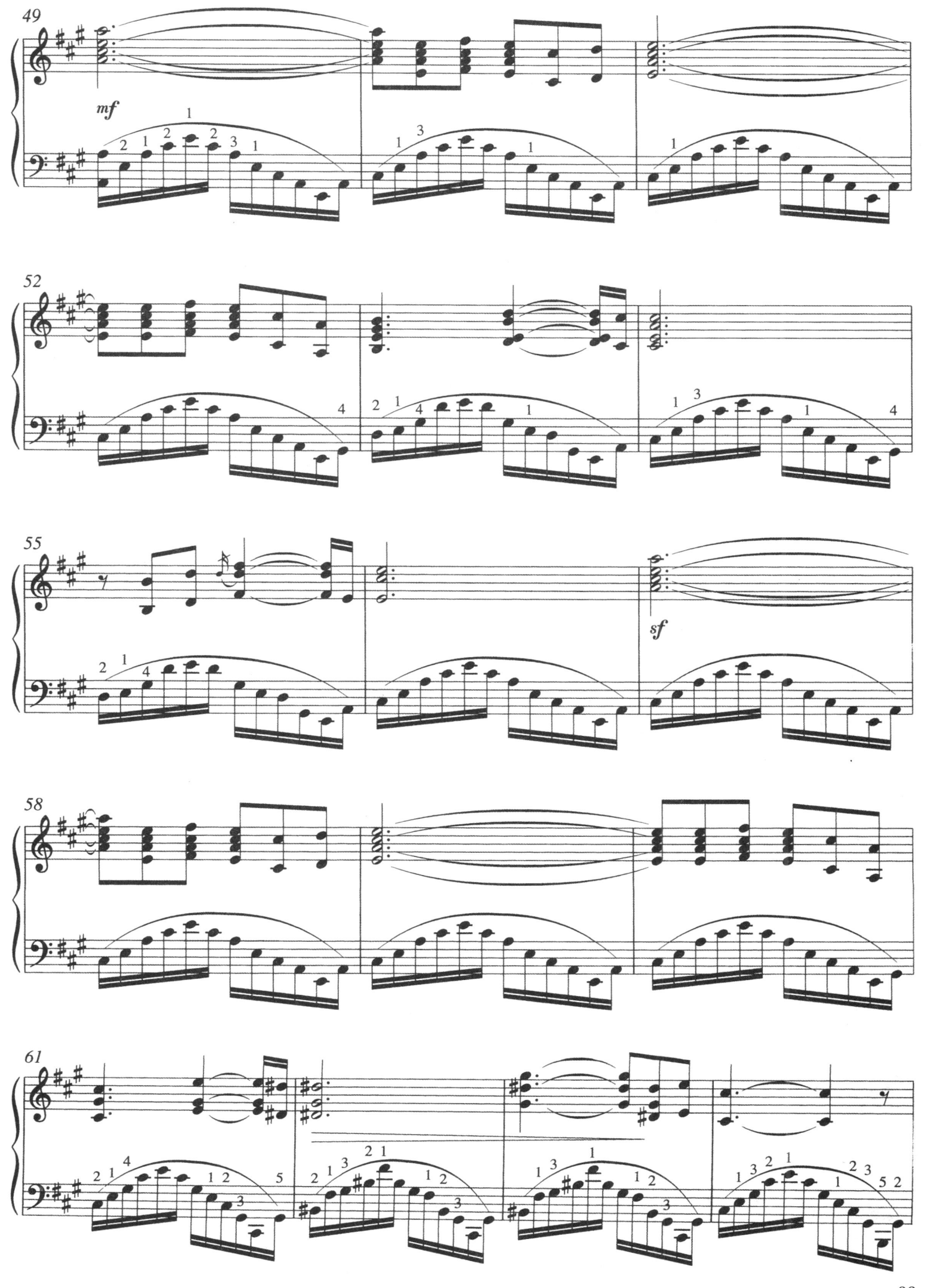

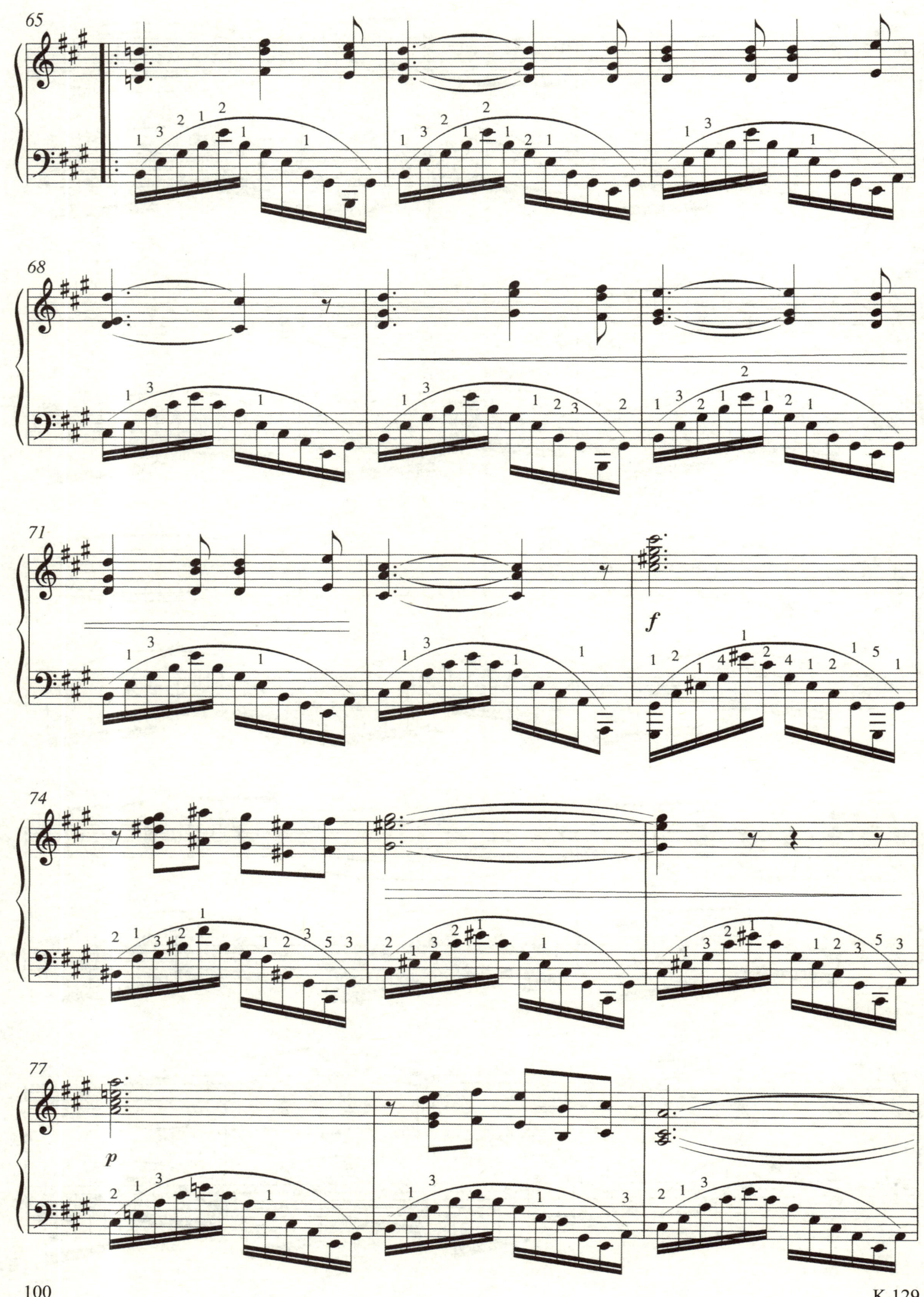

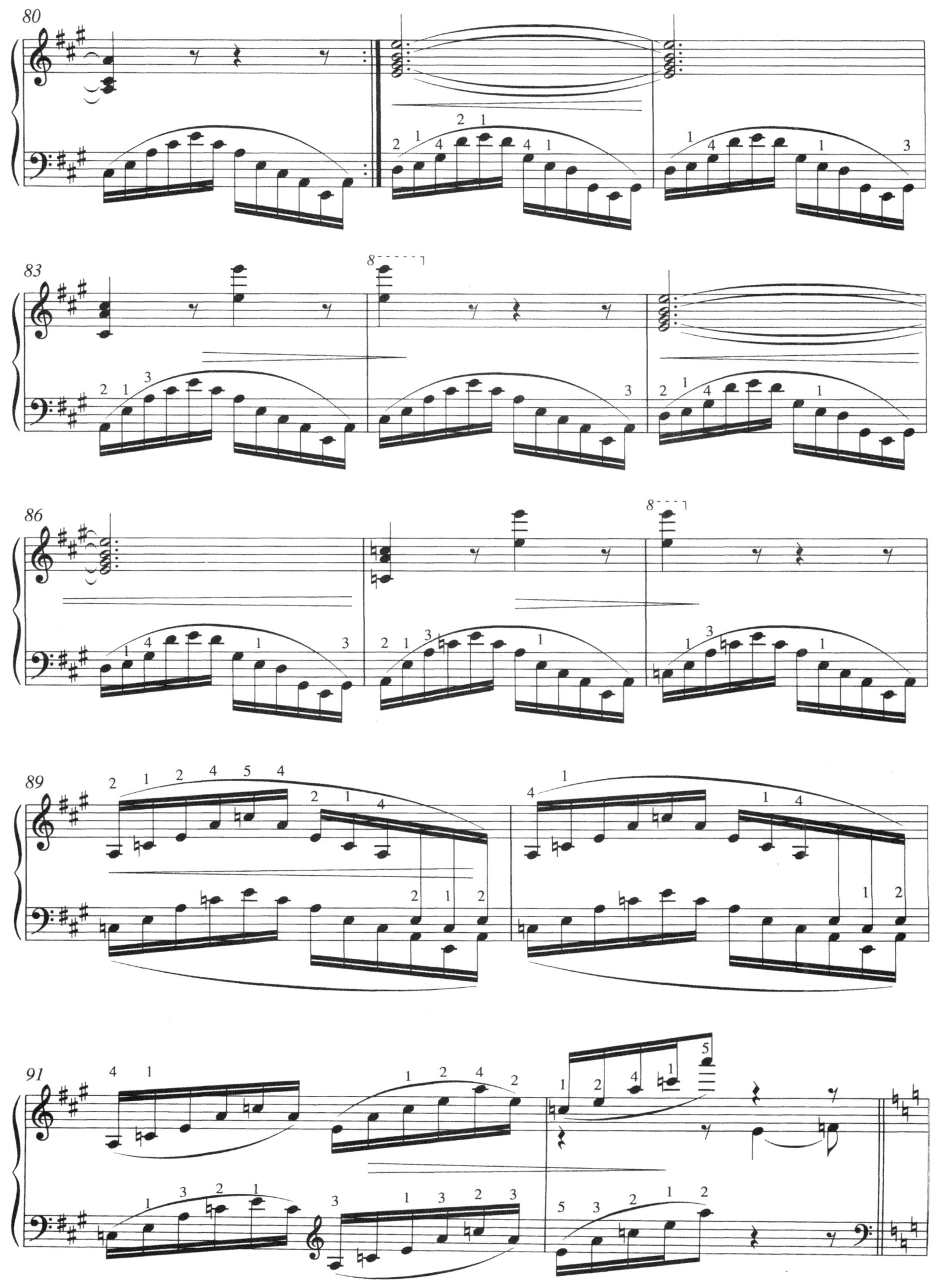

Walzer
Op. 39, No. 2

J. Brahms

Walzer
Op. 39, No. 9

J. Brahms

Walzer
Op. 39, No. 15

J. Brahms

Chanson triste
Op. 40, No. 2

Allegro non troppo

P. I. Tchaïkovsky

p la melodia con molta espressione

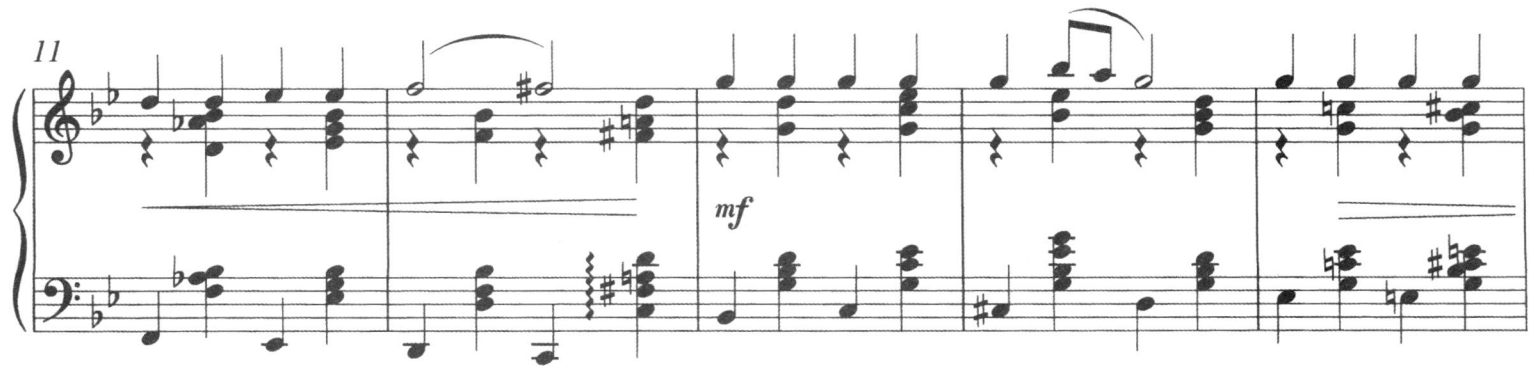

Barcarolle
(Juin)

Op. 37a, No. 6

P. I. Tchaïkovsky

K 129

Chant d'automne
(Octobre)
Op. 37a, No. 10

Andante doloroso e molto cantabile

P.I. Tchaïkovsky

K 129

115

Romance
Op. 5

P. I. Tchaïkovsky

Valse
Op. 12, No. 2

E. Grieg

Folkevise
Op. 38, No. 2
Folksong   Volksweise   Mélodie populaire

E. Grieg

Til våren
Op. 43, No. 6

To Spring   An den Frühling   Au printemps

E. Grieg

Allegro appassionato, ♩. = 84

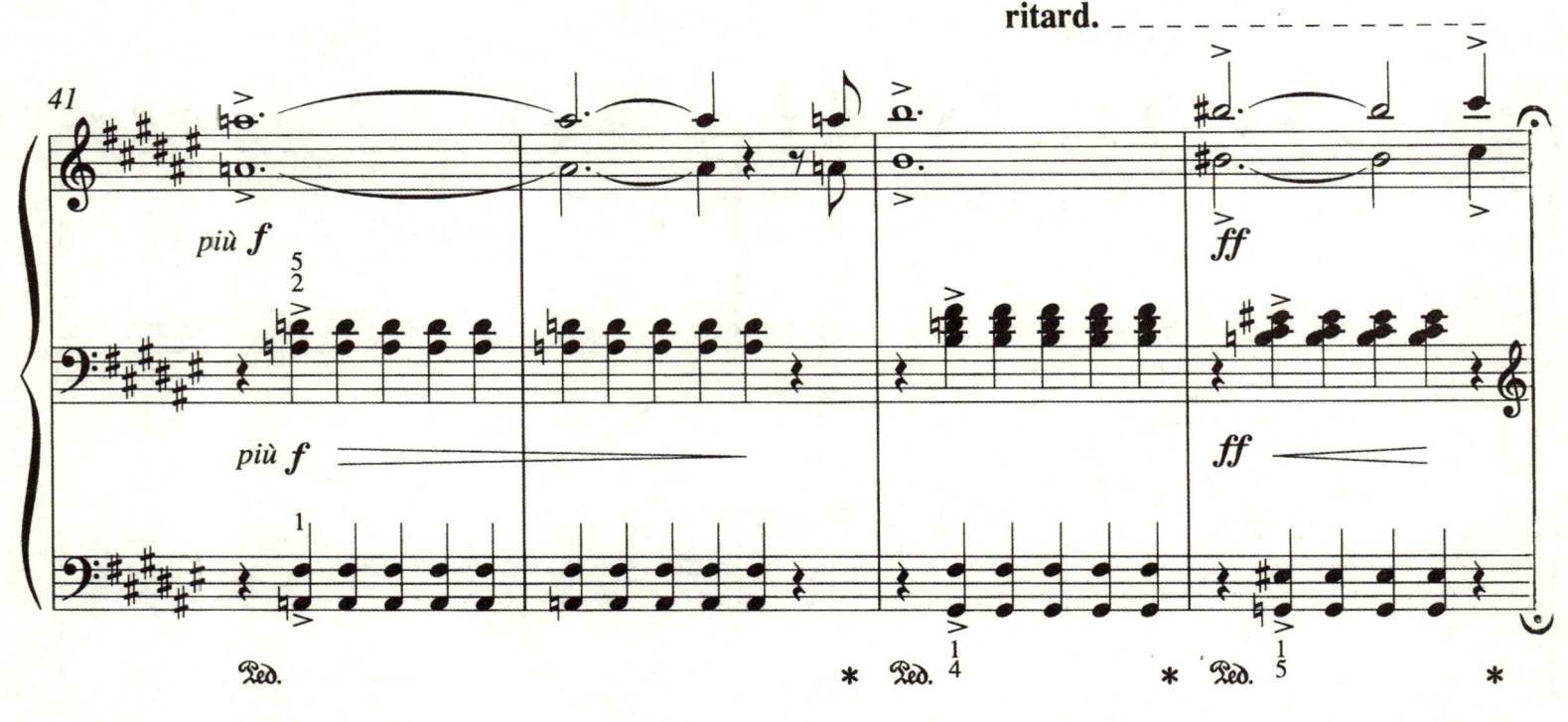

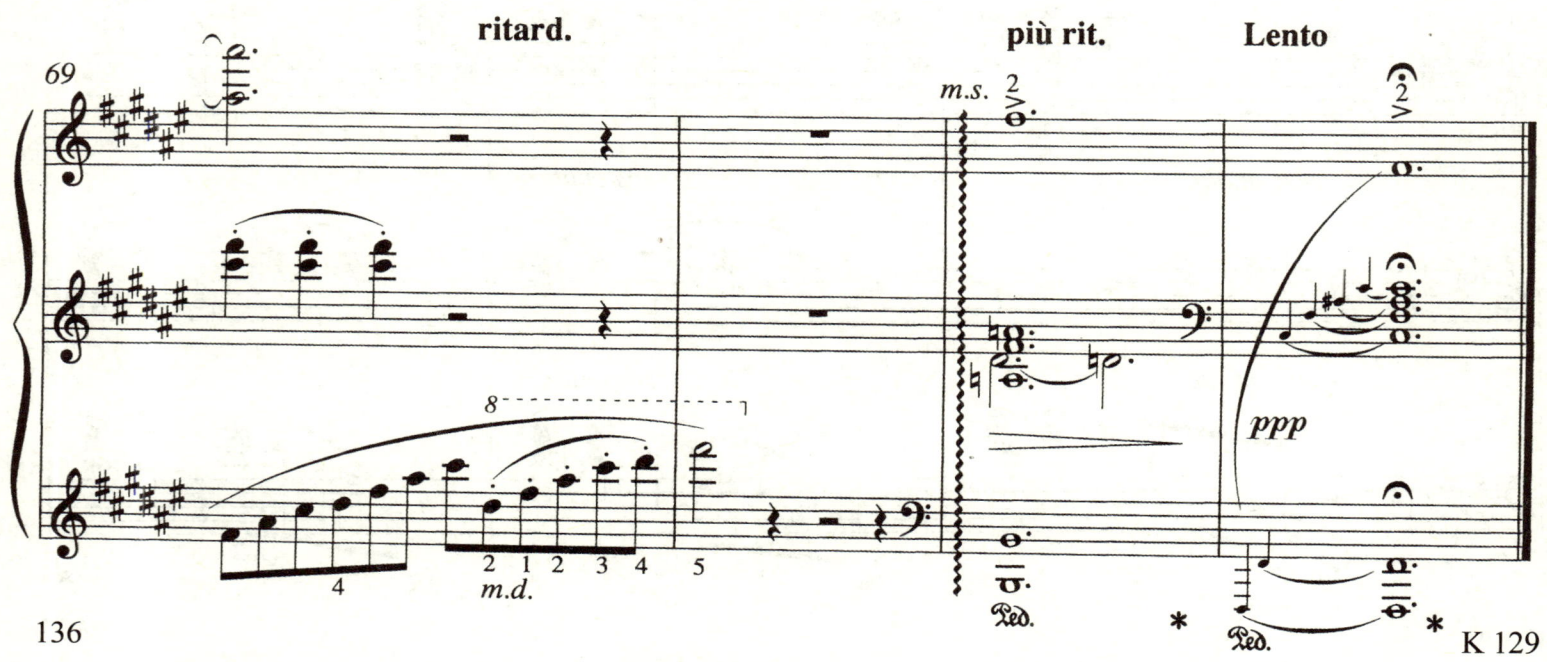

Hjemve
Op. 57, No. 6

Home-sickness Heimweh Mal du pays

E. Grieg

Solveigs sang

E. Grieg

The Little Shepherd

C.A. Debussy

Golliwogg's Cake Walk

C.A. Debussy

OVER 25.000 PAGES OF PIANO MUSIC SHEETS ONLINE

Bach, Beethoven, Brahms, Chopin, Czerny, Debussy, Gershwin, Dvořák, Grieg, Haydn, Joplin, Lyadov, Mendelssohn-Bartholdy, Mozart, Mussorgsky, Purcell, Schubert, Schumann, Scriabin, Tchaikovsky and many more

KÖNEMANN

© 2016 koenemann.com GmbH
www.koenemann.com

Editor: Ágnes Lakos
Responsible co-editor: István Máriássy
Technical editor: Dezső Varga
Engraved by Kottamester Bt., Budapest

ISBN 978-3-7419-1469-0

Printed in Spain by LitoStamp